ROBERT MORAN

Prévoir le temps

Petit traité de météo populaire

Prévoir
le temps

Robert Moran

Ma tante Agathe habitait une grande maison qui brinquebalait au milieu de son jardin mystérieux. Cette maison, disparue aujourd'hui sous le béton immobilier, s'appelait Cerisette.

Tante Agathe savait quelles lunes sont bénéfiques, si les cris des chouettes sont un bon ou un mauvais signe. Elle traitait de l'éducation des bébés, de la confection des tisanes et des confitures, des soins aux oiseaux et aux fleurs avec cette sagesse qui venait du fond des âges et des campagnes et qui rendait la vie de jadis (pas très facile), plus douce, plus gaie, plus près de la Nature et des saisons.

Mais c'est surtout pour savoir le temps qu'il ferait demain, le mois prochain ou dans l'année, qu'on venait, même de loin, consulter cette chère tante Agathe. Paysans, maraîchers, pêcheurs à la ligne, mais aussi bourgeoises préparant un pique-nique, un mariage champêtre, une kermesse, sonnaient à la grille de Cerisette.

De ses centaines de fiches, de ses almanachs, de ses carnets de notes que nous nous léguerons de génération en génération jusqu'à la fin des temps, voici, rassemblé avec les soins d'un neveu affectueux, le meilleur de ses confidences météorologiques.

Dans le paradis électronique qu'on nous prépare (et qui du temps de tante Agathe pointait déjà son nez glacé) que ce livre soit un hommage à cette tante qui faisait la pluie si romantique et le soleil si doux...

Chapitre 1

Les appareils à prévoir le temps

Du bon usage des moyens dont la nature nous a pourvus ou comment fabriquer à bon compte des instruments à prévoir le temps.

Pour pronostiquer la pluie ou le beau temps, sans sortir de chez soi, il est bon de disposer d'instruments naturels peu difficiles à confectionner.

L'hygomètre à cheveu

On réunira : 1 planchette de bois bien lisse, 1 petit clou, 1 poids léger de 1 à 2 grammes ou un petit caillou, du genre de ceux du Petit Poucet et 1 long cheveu de jeune femme.

On enfoncera le petit clou à une extrémité de la planchette. On nouera le cheveu par un de ses bouts autour de ce clou. A l'autre bout du cheveu on attachera le léger poids. La planchette sera posée verticalement sur le balcon ou la fenêtre à l'abri des ondées.

Un jour de beau temps sec, tracer au crayon ou avec une pointe rougie au feu (sans se brûler les doigts), un trait à hauteur du poids et les mots : *BEAU-SEC*.

Un jour de brume, de brouillard ou d'humidité importante mais sans pluie, marquer un trait à la hauteur du poids et les mots : *COUVERT-HUMIDE*. Enfin un jour de pluie non orageuse marquer : *PLUIE*.

7

L'indicateur à goémon

Si l'on habite au bord de la mer on choisira un beau brin de goémon qu'on suspendra par un bout à l'abri des embruns ou de la pluie.

Il peut sécher tout son soûl. Dès que la pluie menacera ou que le temps se couvrira avec brume ou crachin il retrouvera jeunesse. Devenu mou et humide il sera signe de mauvais temps.

L'indicateur au cardon ou artichaut sauvage

Cueilli avec soin, séché au soleil et déposé à l'abri de la pluie, bien en équilibre dans un verre à câpres ou un coquetier il ouvrira ses écailles par beau temps et se fermera en cas de pluie.

Mais, frileux, il se ferme à demi par brume, bruine ou crachin.

Variante à la pomme de pin

Une pomme de pin cueillie à point à la fin des vendanges. Posée bien droite à l'abri. Les écailles se serrent l'une contre l'autre, dès que menacent pluies ou brouillards.

Au beau temps elles s'ouvrent.

8

Baromètre à l'écorce d'épicéa

On réunira : 1 planchette de bois bien lisse, 2 petits clous et 1 branchette d'épicéa portant un petit rameau.

On coupera la branchette à 10 centimètres de part et d'autre du petit rameau. Puis, sur un billot, on fendra l'écorce pour la séparer du bois (sans casser l'écorce du petit rameau). On clouera cette peau d'épicéa avec les deux clous, un à chaque extrémité. Le petit rameau sera l'aiguillette de notre appareil.

Tendue vers le haut elle indique un temps pluvieux, à tout le moins humide. Tendue vers le bas, insouciante, elle marque le bon temps sec.

Le ventimètre à varech

On choisira un beau brin de varech qu'on fixera en girouette par une extrémité à une branche haut levée.

S'il siffle bien régulièrement ou s'il vibre on peut s'attendre à du beau temps.

S'il tressaute, vibre, s'arrête, repart dans cette danse de Saint-Guy, il faut rentrer, ne pas sortir, gare à la tempête.

9

Le bocal et la sangsue

> « *La sangsue en son bocal*
> *Parle fort bien du temps local :*
> *Si elle monte tout en haut*
> *Adieu le beau !*
> *Si elle s'entortille*
> *Le beau pétille.*
> *Si elle reste en bas*
> *Tempête bat.*
> *Si elle fait la spirale*
> *Bientôt neige dévale.* »

Pour savoir ce que sera le prochain hiver et prévoir en suffisance la paille pour les pieds fragiles des plantes et des arbustes.

Les feuilles de hêtre

Le jour de la Toussaint cueillir quelques belles feuilles de hêtre. Les garder sur une assiette en haut du buffet. A la fin de l'automne, quand arrive bonhomme Hiver, observer les feuilles :
— molles et humides elles annoncent un rude hiver
— sèches et bien craquantes l'hiver sera des plus doux.

10

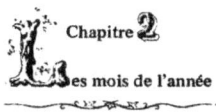

Chapitre 2
Les mois de l'année

Les seize jours clés

La période qui s'écoule du solstice d'hiver à l'épiphanie préfigure le temps qu'il fera toute l'année.

.Décembre ferme la porte à l'année écoulée. Janvier est le portier du nouvel an.

En bons gardiens ils se transmettent les consignes et, comme ils savent tout, ils annoncent le temps des mois à venir.

> *« Tels les douze jours après Noël*
> *Tels les douze mois le temps réel »*

> *« Les jours entre Noël et les Rois*
> *Indiquent le temps des douze mois »*

Vingt-deux, vingt-trois, vingt-quatre et vingt-cinq décembre

— Si le temps est froid, ensoleillé et sec, l'année qui vient sera ensolleillée et sèche.

— S'il fait doux, que le ciel soit nuageux à peu nuageux, que les vents soufflent et qu'il pleuve ou crachote, on attendra une année mouillée et maussade.

— Si le temps varie du froid sec au doux humide, on aura une année mi-figue, mi-raisin, point trop de blé, point trop de vin.

11

« Noël au balcon
Pâques au tison »

« A Noël les moucherons
A Pâques les glaçons »

« Noël humide
Greniers et tonneaux vides »

Vingt-six, vingt-sept et vingt-huit décembre
Ces trois jours portent les signes de l'hiver.

26 s'habille en bonhomme Janvier et donc tel 26, tel janvier. Si le 27 se cache sous le manteau de février, ce mois sera frileux, de vent glacé et de frimas. S'il se promène en gilet, février de pluies et de giboulées ne sera pas trop froid. Si le 28 s'abrite sous son parapluie, mars sera venteux et mouillé. S'il reste en chaussons et gilet près de l'âtre, l'hiver en mars restera opiniâtre.

Vingt-neuf, trente et trente et un décembre
Voici les messagers du printemps.

29 porte l'enfant Avril dans son berceau. S'il rit et chante, avril sera gai et rieur. S'il tonne et vente avril sera maussade. S'il pleure et mouille avril sera le mois des grenouilles. S'il fait très froid, avril sera chaud et ensoleillé. S'il est trop chaud pour ressembler à un 29 décembre, en avril on se couvrira de plus d'un fil.

Le 30 décembre est le père du mois de mai : tel père, tel fils. Le 31 décembre enfante juin. Pas trop chagrin... gentil juin.

12

Petit tableau de prévision du temps par l'observation des douze mois

Janvier

> *« Le mauvais An*
> *Entre en nageant*
> *Mais s'il gèle*
> *Année belle »*

Février

> *« A la Chandeleur*
> *L'hiver cesse ou prend vigueur*
> *Et fleur de février*
> *Ne va pas au pommier »*

Mars

> *« Mars pluvieux*
> *An disetteux*
> *Mars au soleil*
> *An plein de miel »*

14

Juillet

« En canicule beau temps
Bon an »

Août

« Pluie des premiers d'août
Peu de regain en tout
Mais s'il pleut tout l'août
Il pleut miel et moût »

Septembre

« Septembre est le mai de l'automne »
« Si la cigale a chanté
Abondance de blé
Et s'il tonne
Vendange est bonne »

16

Octobre

> *« Brouillard d'octobre*
> *Et pluvieux novembre*
> *Beaucoup de biens*
> *Du ciel font descendre »*

Novembre

> *« En novembre s'il tonne*
> *L'année sera bonne*
> *Autant d'heures de soleil à Toussaint*
> *Autant de semaines à se chauffer les mains »*

Décembre

> *« Noël humide*
> *Grenier vide,*
> *Noël mouillé*
> *Tonneau assoiffé »*

17

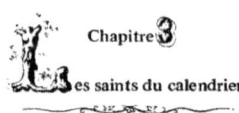

Chapitre 3

Les saints du calendrier

Ce calendrier n'est pas le calendrier général romain issu des réformes de 1969. Il est celui de la tradition ancienne à laquelle autorisation de se référer est toujours valable, surtout en matière de prévisions du temps, fêtes locales, pélerinages, etc.

Janvier

6 Fête de l'adoration des Rois Mages.

« Pluie aux Rois
Blé jusqu'au toit
Et dans tonneaux
Du vin à flot »

9 Saint Julien

« Saint Julien brise les glaces
S'il ne les brise il les embrasse »

10 Saint Guillaume

« S'il fait beau pour la saint Guillaume
On aura plus de blé que de chaume »

15 Saint Maur

« A la saint Maur
Hiver est à moitié dehors
Pourtant saint Antoine et saint Sébastien
Arrivent avec un froid regain »

17 Saint Antoine

« Saint Antoine sec et beau
Emplit la cave et le tonneau »

20 Saint Sébastien

« Saint Sébastien avec du gel
Emporte l'herbe promet du miel »

22 Saint Vincent

« A la saint Vincent
Tout dégèle ou tout se fend
L'hiver reprend ou rompt ses dents »

25 Fête de la conversion de saint Paul

« Pour la conversion de saint Paul
L'hiver se rompt le col
Mais si tout le jour il pleut
Vigneron au vin dit adieu »

30 Sainte Martine

« Attention à la sainte Martine
L'hiver y reprend dès matines »

18

Avril

> *« Avril et mai*
> *Sont des clés*
> *pour l'année*
> *Avril pluvieux*
> *Mai venteux*
> *Font l'an fécond*
> *Et gracieux »*

Mai

> *« Du mois de mai la chaleur*
> *Fait de tout l'an la valeur*
> *Mais il faut bien que se passe*
> *Le froid convoi des Saints de glace »*

Juin

> *« Beau temps en juin*
> *Abondance en grains*
> *Mais trop de pluie*
> *Grenier s'ennuie »*

15

Février

1 Veille de la fête de la
chandeleur

« La Veille de la Chandeleur
L'hiver s'arrête ou prend vigueur »

2 Fête de la Chandeleur

« A la Chandeleur
L'hiver cesse ou prend vigueur »
« Quand il pleut sur la chandelle
Il pleut aussi sur la javelle
Et si le soleil fait lanterne
40 jours après il se cache et hiverne »

3 Saint Blaise

« A la fête de saint Blaise
Il se peut qu'hiver s'apaise
Mais s'il redouble et se reprend
Longtemps après on s'en ressent »

12 Sainte Eulalie

« Sainte Eulalie avec la pluie
40 jours reste en ton lit »

14 Saint Valentin

« Saint Séverin saint Faustin et saint
Valentin
Font tout geler sur leur chemin »

19 Saint Boniface

« Le bon saint Boniface
Entre en brisant la glace »

────────●●●────────

Mars

1 Saint Aubin

« S'il pleut à la saint Aubin
Il coulera bien trop de vin »

10 Saint Vivien et les
40 martyrs

« Gelée des 40 martyrs
Dure 40 jours 40 nuits »

12 Saint Pol

« Le jour de saint Pol
Hiver se rompt le col »

23 Saint Victorien

« S'il pleut avec saint Victorien
Tu peux compter sur du bon foin »

25 Fête de l'Annonciation

« Le jour de Notre Dame
Si le coucou n'a pas chanté
Qu'on ne le blâme
Quelqu'un l'a bâillonné »

31 Saint Benjamin

« A la saint Benjamin
Le mauvais temps prend fin »

────────●●●────────

19

« Rouge du soir
Espoir »

« Matin blanc
Beau temps »

« Rouge vêpre et blanc matin
Sont la joie du pèlerin »

« Rouge du matin
Chagrin »

« Soleil rouge le matin
Fait trembler le marin »

26

24 Saint Jean Baptiste

« L'eau de la Saint Jean
Enlève le foin et le froment »

29 Saint Pierre et Saint Paul

« Saint Pierre et Paul pluvieux
Pour 30 jours sont dangereux
Mais si la journée est saine
Elle annonce une année sereine »

Juillet

2 Fête de la Visitation

« S'il pleut à la Visitation
On a de l'eau à discrétion
Mais si le beau temps reste au bon
Il peut pleuvoir encore long
Car si tout le foin se périt
Le raisin bien se remplit »

10 Sainte Félicité

« Le jour de sainte Félicité
Est un jour plein de gaieté
Car comme tous les ans passés
C'est le plus beau jour de l'année »

25 Saint Jacques

« A saint Jacques serein
Hiver dur et chagrin »

26 Sainte Anne

« Pluie à sainte Anne
8 jours en panne »

Août

5 Notre Dame des Neiges

« Marie des Neiges pluvieux
Hiver humide et neigeux »

10 Saint Laurent

« S'il pleut à la saint Laurent
La pluie arrive à temps
S'il pleut à l'Assomption
C'est encore tout bon
Mais à la saint Barthélémy
Tout le monde en fait fi »

15 Fête de l'Assomption

« Au 15 août le coucou perd son chant
C'est la caille qui le reprend
Et Marie qui peut tout
Arrange ou défait tout »

21

Des présages tirés de l'observation de la lune

Nocturne lumignon, dame Lune, ou bien se montre dans toute sa joviale rondeur, ou bien se joue en prenant la forme de croissants plus ou moins appétissants. Parfois elle se pare de dentelles et de couleurs qui en disent long sur le temps qu'il fera.

Quand la lune est un croissant
— si elle joue derrière le brouillard comme vêtue de dentelles fines :   *beau temps*
— si elle se montre avec des cornes bien propres et brillantes :   *beau temps*
— si elle porte des cornes épaisses, obscures ou aux pointes noires :   *mauvais temps*
— si elle se divise en plusieurs croissants :
pluie et grand vent

Quand la lune est ronde
— si elle est haute dans le ciel, bien suspendue, bien ronde et bien gaillarde, éclairant la brave chouette et le gentil hibou :   *beau temps demain*
— si elle n'est point entourée de lainages, duvets, plumes et autres douillettes :   *beau temps encore*
— si elle brille comme une belle pièce d'argenterie, nettoyée de la veille et lustrée :   *très beau temps*
    mais
— si elle devient pâlote, peu guillerette, toute petite :   *mauvais temps se prépare*
— si elle se lève au soir et demeure obscure, trouble :
la pluie arrive
— si elle s'entoure de lainages et de couvertures :
mauvais temps et froidure
— si elle joue à cache-cache derrière un nuage puis un autre, puis d'autres encore, fantasque et énervée :
pluies ou orages.

27

« Lune blanche
Journée franche »

« Lune d'argent
C'est du beau temps »

« Brouillard dans le croissant
Annonce le beau temps »

« Lune barbouillée
Apporte vent et giboulée »

« Par tempête ou vent d'orage
La lune chasse les nuages »

« Lune pâle
L'eau dévale »

28

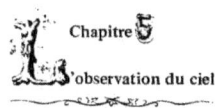

Chapitre 5
L'observation du ciel

Des présages de l'observation des nuages et de leur suite familière : pluie, neige, crachins, gelée et rosée.

Dentelles fines, toiles d'araignée du ciel, fils de la Vierge, tels apparaissent les nuages. Mais aussi, voluptueuses balles de laine, plumes, immenses duvets, couettes, fourrures profondes, ils passent, prenant à la lumière tous les blancs et les gris, tous les chatoiements possibles.

Apprenons à lire en eux, aussi sûrement qu'en un livre :

Nuages

Quand les nuages sont fines résilles :
Brume fine, le nuage qui grisaille tout le ciel met ses cercles autour du soleil et de la lune.

La couronne autour du soleil annonce une pluie et un vent violents.

Autour de la lune c'est de la pluie qui vient mais sans tempête :

> *« Soleil cerclé*
> *Pluie redoutée*
> *Vent débridé »*

> *« Lune cerclée*
> *Pluie assurée*
> *pas de noyé »*

> *« Charme en la lune*
> *Ne choient ni mât ni hune*
> *Charme en soleil*
> *Casse tout et pareil »*

29

Quand les nuages sont moutons ou choux-fleurs :
Pommelés en choux-fleurs, bien dodus et bien
blancs, les nuages annoncent le vent :

> *« Ciel pommelé*
> *Vent va souffler »*

Serrés en moutons, troupeau turbulent qui va, ils
annoncent le mauvais temps, mais passager :

> *« Ciel moutonné*
> *Beau temps passé*
> *Mais sans durée »*

> *« Ciel moutonné*
> *Femme fardée*
> *Sont de peu de durée »*

Quand les nuages coiffent collines comme chapeaux :
Le petit nuage qui vient cacher le sommet de la
montagne la collinette ou le coteau n'a rien de bien
mignon. Il indique le mauvais temps :

> *« Quand la montagne a son chapeau*
> *Mets ta pelisse ou ton manteau »*

Quand les nuages deviennent balles de coton, plumes
et grands duvets soyeux :

> *« Ciel vêtu de laine*
> *Eau peu lointaine »*

> *« Si le ciel met sa laine*
> *La pluie est à la traîne »*

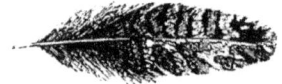

Quand les nuages deviennent des couettes monta-
gneuses blanches et grises, vastes à couvrir tous les
lits du monde :

> « *Gros nuages*
> *Temps d'orages* »

> « *Nuages le matin*
> *Fontaines le soir* »

> « *Midi ciel vilain*
> *Minuit ciel serein* »

> « *Nuages d'après dîner*
> *Trompent le maître et le valet* »

Pluies et ondées

La pluie est un bienfait pour le jardinier, l'horti-
culteur, le cultivateur et si elle vient perturber les
jeux des enfants, apprenons à faire avec elle :

> « *Pluie du soir*
> *Remplit lavoir* »

> « *Pluie du matin*
> *Ne va pas loin* »

> « *Pluie du matin*
> *N'arrête pas le pèlerin* »

31

« Pluie d'été, pleurs d'enfant
Ne durent pas longtemps »

« Pluie d'hiver à grande cloche
Remplit l'été toute la poche »

« Pluie d'averse
S'use et verse
Plus il en tombe
Moins elle est longue »

Et, en tout état de cause, remercions le ciel car,
« Après la pluie
Vient le beau temps »

Attendons-nous à un bel été si la neige tombe en hiver :
« Manteau de neige dans les prés
Manteau de foin durant l'été »

« Neige en janvier
Blé au grenier »

32

Brouillards, crachins et autres mouillures

« *Brouillard du matin*
Rien de chagrin
Ouvrant la matinée
Il annonce belle journée »

« *Brouillard dans la vallée*
Bonhomme va à ta journée
Brouillard sur le mont
Bonhomme reste à la maison »

« *Si brouillard reste bas*
Madame Pluie ne passe pas »

« *Brume basse*
Beau temps passe »

« *Si brume reste en haut*
Il pleuvra à plein seau »

« *Rosée du matin*
Tout bien
Rosée du soir
Il peut pleuvoir »

33

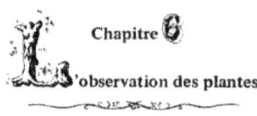

Chapitre 6

L'observation des plantes

Des présages tirés des plantes des jardins, des champs et de partout dans la nature.

Belles des champs et des montagnes, bourgeoises des jardins bien tenus, sauvageonnes des haies et des landes, les plantes prédisent le temps avec la sûreté d'un baromètre. Ce qu'il annonce d'un air très fier, engoncé dans son gilet de cuivre, imbu de sa science et de son autorité, elles le font avec la grâce des simples.

Les saisons

Certains fruits, certaines plantes ménagères qui paraissent se désintéresser des événements proches, se préparent au contraire pour ce qui arrivera beaucoup plus tard. On dit, par exemple, que la récolte de noix, de pommes, de poires et de mûres est très abondante si le prochain hiver doit être rude. Quant à l'oignon qui se couvrirait de trois peaux, à l'ail qui résisterait au couteau qui le pèle, aux arbres qui

34

Inutile de décrire le pissenlit, tout le monde le connaît. Mais saviez-vous qu'avant le mauvais temps il laisse ses fleurs enfermées à l'abri du capitule ? Rappelons quelques-uns de ses autres noms parmi les plus curieux : dent du lion, laitue de chien et couronne de moine !

La potentille ansérine, ou herbe aux oies ou herbe à cochons qui pousse au bord des chemins et des lieux humides, garde soigneusement à l'abri ses fleurs aux cinq pétales jaune vif.

Le trèfle, courageusement, se hérisse, pointant ses feuilles vers le ciel comme pour se transformer en petit réservoir.

Le cytise, le genêt à balai et les ajoncs qui tous trois se ressemblent et appartiennent à une même famille (les papilionacées), s'ouvrent largement, déployant leurs fleurs jaunes, à croire que toute l'eau du ciel ne suffira pas à étancher leur soif.

La nigelle ou nielle que nous avons vue se dresser, encouragée par la fraîcheur, la voilà qui ouvre les cinq pétales rouges ou violets et les cinq sépales effilés et verts de sa fleur.

40

Et pour finir, quelques mots du népenthès, une fleur extraordinaire à laquelle certaines encyclopédies (grand format s'il vous plaît !) consacrent une ou deux pages. Née dans les lieux humides et ombragés de Madagascar cette fleur serait connue depuis l'antiquité grecque. Son nom signifie « sans douleur » ou « remède contre la tristesse ». Homère raconte qu'elle arrêta les larmes de Télémaque pleurant sans fin sur le triste sort des Troyens.

Cultivée sous nos climats en serre chaude, comme les orchidées, la plante, dont la tige s'appuie sur un arbre voisin, porte à son extrémité une fleur jaune. A l'intérieur de ce calice se trouve une vrille au bout de laquelle on aperçoit une petite urne avec un couvercle articulé.

Et voici où commence la magie. Le soir, le petit couvercle bien serré, la plante sécrète de l'eau pure qui remplit l'urne. Sous le poids la fleur s'incline, s'incline toute la nuit. Au lever du jour elle est posée sur le sol, la tête en bas. Le soleil réchauffant l'air semblerait faire s'évaporer l'eau contenue dans l'urne. Allégée, la plante se relève lentement pour pointer sa fleur vers le ciel, en fin de soirée. On comprend donc que si l'air est chargé d'humidité, le népenthès, gorgé d'eau, ne subissant aucune évaporation, reste couché. On déduit que la pluie, la bruine ou le crachin approchent.

41

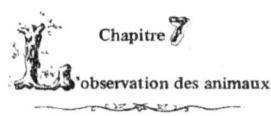

Chapitre 7

L'observation des animaux

Des présages tirés des animaux de la ville et de la campagne

Le chat de Tante Agathe

A tout seigneur tout honneur ! Parlons du chat et puisque les chats sont tous pareillement distingués, délicats, chatouilleux, pointilleux, indifférents, aimables ou sarcastiques prenons-en un pour modèle.

Celui que tante Agathe possédait s'appelait Peluche.

Extrait de son carnet sur les animaux, lisons comment ce chat tant caressé se comportait.

Pour annoncer la pluie

Il frottait vigoureusement sa nuque, passant et repassant la patte derrière l'oreille, s'occupant tout un jour à sa toilette.

42

Pour annoncer l'orage

Il changeait sans cesse de place ne pouvant trouver ses aises, délaissant son coussin préféré, puis s'y réinstallant, l'abandonnant à nouveau.

Lorsque la tempête menaçait, il se grattait vigoureusement la tête puis la caressait. Alors, courant aiguiser ses griffes il s'acharnait, toujours au même endroit, contre les fauteuils et les tapisseries.

Le chat Peluche retrouvait ses habitudes avec la venue du froid. S'il se recroquevillait près de l'âtre, quand nous étions réunis autour de la cheminée, ou bien s'il se glissait sous la cuisinière pour y dormir, nous savions que dehors il allait geler. L'après-midi, vers la fin de l'hiver ou dès que le temps redevenait froid mais que de beaux rayons de soleil chauffaient, Peluche sautait et ronronnait sur le rebord des fenêtres, sans toutefois oser sortir le bout du nez.

Au retour du beau temps il plissait les yeux de plaisir, faisait mine de vouloir sortir, enfin il tentait une première sortie sur le perron. L'été nous ne le vîmes jamais se frotter le bout du nez.

Observez donc votre chat. Je gage qu'il agit comme Peluche.

On dit en effet que la race, la couleur et l'âge n'y font rien, les chats ont tous les mêmes attitudes selon que le temps sera ou bon ou maussade.

43

Pour annoncer le beau temps

Commençons donc par prédire le beau et bon temps avec de jolies rimes :

*« Arrive l'aigle en sa volée
Bientôt finissent les gelées »*

*« Chouette chantant le soir
Beau temps et bel espoir »*

On note dans certaines régions que si la chouette chante pendant qu'il pleut, le beau temps revient sous peu.

*« Chouette, chouette je t'en prie chantonne
Que cesse la pluie, qu'orage ne tonne »*

Evidemment le hibou ne pouvait rester indifférent et le dicton qui le concerne déclare :

*« Hibou hullulant en soirée »
Annonce une belle journée »*

44

Quant à la gracieuse hirondelle, flèche noire et blanche au vol rapide et élégant, on connaît partout le refrain :

> *« Hirondelle volant haut*
> *Le temps reste au beau »*

Quelques oiseaux aussi semblent avoir mérité l'hommage des poètes populaires :

> *« Le rouge-gorge haut perché*
> *Le beau temps va durer*
> *S'il chante le matin*
> *Beau temps certain »*

Pour le rossignol, au chant si doux, si parfait qu'il reste inimitable on récite :

> *« Rossignol du soir*
> *Espoir*
> *Rossignol de nuit*
> *Tout bon tout luit »*

Quant aux petits animaux comme la salamandre que l'on croyait capable de vivre dans le feu (!) on entend son cri joyeux :

> *« La salamandre*
> *Se fait entendre*
> *Il fera beau*
> *Encore beau »*

45

Du nord au sud de la France voici encore qu'au beau temps :

L'araignée sur ses pattes graciles mais vive et empressée sort de l'ombre pour reposer immobile au soleil ou bien s'affaire tissant sa toile pour la tendre.

La coccinelle en sa saison sort et volète de ci de là. On note également ce souci de folâtrer chez la libellule qui s'éloigne des mares et des ruisseaux pour goûter des joies de la promenade.

Les mouches, pour leur part, se groupent en vols bourdonnants et tourbillonnants, menant grand vacarme.

Plus paresseux, presque immobile, le gentil lézard qui ne dort que d'un œil, ne nous y trompons pas, se réchauffe au soleil.

La bergeronnette sautille au bord des ruisseaux et des mares faisant mine de picorer.

Le corbeau, habituellement peu bavard, sans doute depuis qu'il fut berné par le renard de la fable, se met à croasser au petit matin.

Le soir venu, le beau temps ayant duré toute une belle et douce journée, les chauves-souris quittent grottes et ruines féodales pour voler en compagnies à la chasse aux moucherons.

46

Quant à la gracieuse hirondelle, flèche noire et
blanche au vol rapide et élégant, on connaît partout
le refrain :

« Hirondelle volant haut
Le temps reste au beau »

Quelques oiseaux aussi semblent avoir mérité
l'hommage des poètes populaires :

« Le rouge-gorge haut perché
Le beau temps va durer
S'il chante le matin
Beau temps certain »

Pour le rossignol, au chant si doux, si parfait qu'il
reste inimitable on récite :

« Rossignol du soir
Espoir
Rossignol de nuit
Tout bon tout luit »

Quant aux petits animaux comme la salamandre
que l'on croyait capable de vivre dans le feu (!) on
entend son cri joyeux :

« La salamandre
Se fait entendre
Il fera beau
Encore beau »

45

Du nord au sud de la France voici encore qu'au beau temps :

L'araignée sur ses pattes graciles mais vive et empressée sort de l'ombre pour reposer immobile au soleil ou bien s'affaire tissant sa toile pour la tendre.

La coccinelle en sa saison sort et volète de ci de là. On note également ce souci de folâtrer chez la libellule qui s'éloigne des mares et des ruisseaux pour goûter des joies de la promenade.

Les mouches, pour leur part, se groupent en vols bourdonnants et tourbillonnants, menant grand vacarme.

Plus paresseux, presque immobile, le gentil lézard qui ne dort que d'un œil, ne nous y trompons pas, se réchauffe au soleil.

La bergeronnette sautille au bord des ruisseaux et des mares faisant mine de picorer.

Le corbeau, habituellement peu bavard, sans doute depuis qu'il fut berné par le renard de la fable, se met à croasser au petit matin.

Le soir venu, le beau temps ayant duré toute une belle et douce journée, les chauves-souris quittent grottes et ruines féodales pour voler en compagnies à la chasse aux moucherons.

46

Pour annoncer le mauvais temps

Mais voici que le mauvais temps menace.

Et ce qui fait le malheur des uns fait le bonheur des autres. C'est en tout cas ce que semble dire ce petit poème :

> « *L'arnouille croatte*
> *Le temps se déboîte* »

L'arnouille est le diminutif populaire donné à la grenouille qui ici chante (de joie ?) en voyant venir la pluie.

Autres chanteurs ou joyeux lurons qui sortent pour profiter de l'ondée :

Le corbeau, la grive, le martinet, le pic vert, les moineaux, le cloporte, le crapaud dont voici ce que disent les dictons :

> « *Corbeau le soir croasse*
> *Quand l'eau du ciel s'amasse* »

> « *La grive va chantant*
> *Quand vient le méchant temps* »

> « *Le martinet crie sans arrêt*
> *Mets ta capuche et tes souliers* »

47

« Quand le pic vert crie
Pas loin est la pluie »

« Moineau des villes, moineau des champs
Annoncent pluie en pépiant »

« Saute crapaud
Voici de l'eau »

« Que le cloporte sorte
La pluie tape à la porte »

Pour ce dernier pas d'hésitation : comme il est le
seul crustacé terrestre, il est joyeux de retrouver
l'eau, royaume de ses frères supérieurs en qualités
gastronomiques, la langouste et le homard.

Mais l'escargot n'est-il pas très prudent ?
« Escargot hors du lit
Hommes à l'abri »

Enfin, figurent parmi les pronostiqueurs de talent:
— l'abeille peureuse qui craint de mouiller sa robe
rayée rentre dès qu'il va pleuvoir, mais sort, tant
elle est travailleuse, s'il ne s'agit que de bruine.
— l'araignée qui craint pour sa toile se met à tisser
pour bien tendre les fils qui résisteront mieux à la
goutte d'eau.
— l'hirondelle vole bas, rasant l'eau de la mare ou les
chemins.

48

cheval frotte un sabot sur le sol avant que tombent
le froid et l'humidité, renifle bruyamment par les
naseaux si doit venir dame Pluie et court sans but si
le mauvais temps général se prépare.

Il faut de tout pour faire un monde... animal.
Dans la ferme, avant le mauvais temps, nous trouve-
rons donc des sages et des fous, des prudents et des
frileux et quelques philosophes qui prennent les
choses comme elles sont.

La brebis remue dans tous les sens faisant tinter sa
clochette comme si ce bruit constant devait effrayer
les nuages.

Pareillement le mulet agite la tête sans arrêt d'un
côté, de l'autre, puis en haut et en bas, d'un air bien
triste.

La pintade qui s'énerve, criaille, la jeune vache se
prend à galoper sans cause apparente et sans but,
s'arrêtant comme surprise de sa folle conduite. Les
béliers et les moutons dans leur coin se disputent,
entamant presque un duel qui a fait dire :

> *« Béliers et moutons se chamaillent*
> *La pluie siffle fait bataille »*

Les prudents s'affairent, profitant au mieux du
dernier beau moment. Ainsi le cochon rentre dans
son abri en charriant la paille de sa litière pour la
mettre hors des atteintes de l'eau, tandis que la
chèvre profitant de l'herbe encore sèche broute
comme si elle avait longtemps jeûné.

52

Les peureuses poules et les pigeons s'abritant en rentrant qui au poulailler, qui au pigeonnier, sont le signe d'une période durable de pluie.

Insouciante ou fataliste, peut-être aimant l'eau et le vent comme d'autres aiment la mer et le farniente,

l'oie se met à folâtrer joyeusement dans la moindre flaque d'eau, le canard s'agite dans sa mare et crie; ce qui a donné le dicton :

> *« Canard qui crie*
> *Signe de pluie »*

Plus sûr est le pronostic que l'on tire du comportement de l'âne :

> *« Ane qui brait sans fin*
> *Ane qui crie âne chagrin*
> *Annonce la pluie pour demain »*

53

Le coq bien sûr ne manque pas de mettre son grain de sel dans cette agitation, et, fier de sa science, le voilà qui se met à chanter le soir, bien à l'abri dans ce poulailler où il règne :

« Quand le coq chante à la veillée
Il a déjà la queue trempée »

Les saisons ne suivent pas le calendrier et échappent aux décisions des règlements. Il n'y a donc que les animaux qui s'y retrouvent, et pour cause, puisqu'ils ne savent pas lire dans les éphémérides !

Nous pouvons donc être assurés que l'hiver est proche si les étourneaux se serrent au repos et volent en bandes bien formées. Quant aux geais qui disparaissent vers le sud avec les grues et les cigognes, les corneilles et les pluviers, ils partent pour les pays ensoleillés dès que nous arrivent frimas et vents du Nord.

Mais attention ! L'hiver sera rude si les vers à soie tissent un cocon plus épais et douillet que ne le firent leurs frères l'année passée, si le grillon et la taupe s'enfoncent bien profondément dans le sol, si

les hirondelles partent quand le dernier grain de raisin est vendangé et si les araignées, venues on ne sait comment, entrent dans les maisons pour y tisser leur toile.

54

Après l'hiver vient le printemps. L'hiver se meurt, l'hiver est mort quand le coucou et le criquet se mettent à chanter. Le merle moqueur recommence à se faire entendre :

> « *Quand le merle a sifflé*
> *L'hiver s'en est retourné* »

Enfin, souvenons-nous : une hirondelle ne fait pas le printemps. Mais comment ne pas admettre qu'il est là, frappant à la porte, quand on aperçoit deux hirondelles et un papillon ?

Notre ami le chien

Terminons donc notre ménagerie météorologique avec le chien. Brave Médor, te voici promu baromètre !

Mais aussi quel bon pronostiqueur tu fais, toi qui grattes le sol de la patte, qui vas et viens sans te lasser quand arrive la pluie, toi qui te roules par terre quand le grand vent menace, toi enfin qui humes l'air en levant haut le nez si doit survenir la tempête !

55

Chapitre **8**

e monde de l'homme

Des présages tirés de l'homme par lui-même ou des activités de ses voisins en particulier.

L'homme privé de baromètre, enfoncé entre murs et pierres des grandes villes peut, en observant autour de lui et en lui-même, prédire le temps qu'il va faire.

Quelques signes annoncent en outre la venue de l'ondée. Généralement la peau devient lisse et brillante car elle est plus chargée d'humidité.

Les cheveux se mettent à crêper ou à friser s'embrouillant, impossibles à peigner.

Quant aux vieilles douleurs qui réapparaissent elles sont le signe le plus évident :

« Vieilles douleurs
Pluie de malheur »

Le bébé et l'enfant sont sensibles à l'orage. Le nourrisson pleure et s'agite ne trouvant pas son sommeil.

Les grandes personnes deviennent irritables ou lasses sans raison valable. Le mal de tête s'installe.

Les frimas, gelées et autres tracas vont arriver. Alors les pieds deviennent froids et les oreilles, et les cors au pied, et le talon qui serait très sensible et tout rouge...

56

Voici une liste d'événements qui prédisent l'arrivée du vent quelques heures avant qu'il ne se lève.

La braise brûle bien et tire toutes ses flammes :

« Braise qui va brûlant
Se lève avec le vent »

La flamme dans la cheminée tremble et fait mine de s'éteindre.

Les bois et les forêts des alentours bruissent légèrement et tous les bruits, en principe, arrivent avec plus de force de la direction où le vent soufflera.

La pluie, aussi, manifeste son approche en donnant à l'air une humidité qui paraît rendre les bruits plus perceptibles. C'est ainsi que la cloche des villages voisins devient audible :

« Si tu entends la cloche du voisin
Tu auras de la pluie dès demain »

Les odeurs deviennent plus pénétrantes et même le nez du priseur le plus acharné doit s'y retrouver : la rivière sent la vase comme la mare ou le ruisseau, le puits envoie une odeur caractéristique de terre.

57

Chapitre 8

Le monde de l'homme

Des présages tirés de l'homme par lui-même ou des activités de ses voisins en particulier.

L'homme privé de baromètre, enfoncé entre murs et pierres des grandes villes peut, en observant autour de lui et en lui-même, prédire le temps qu'il va faire.

Quelques signes annoncent en outre la venue de l'ondée. Généralement la peau devient lisse et brillante car elle est plus chargée d'humidité.

Les cheveux se mettent à crêper ou à friser s'embrouillant, impossibles à peigner.

Quant aux vieilles douleurs qui réapparaissent elles sont le signe le plus évident :

*« Vieilles douleurs
Pluie de malheur »*

Le bébé et l'enfant sont sensibles à l'orage. Le nourrisson pleure et s'agite ne trouvant pas son sommeil.

Les grandes personnes deviennent irritables ou lasses sans raison valable. Le mal de tête s'installe.

Les frimas, gelées et autres tracas vont arriver. Alors les pieds deviennent froids et les oreilles, et les cors au pied, et le talon qui serait très sensible et tout rouge...

56

Voici une liste d'événements qui prédisent l'arrivée du vent quelques heures avant qu'il ne se lève.

La braise brûle bien et tire toutes ses flammes :

> *« Braise qui va brûlant*
> *Se lève avec le vent »*

La flamme dans la cheminée tremble et fait mine de s'éteindre.

Les bois et les forêts des alentours bruissent légèrement et tous les bruits, en principe, arrivent avec plus de force de la direction où le vent soufflera.

La pluie, aussi, manifeste son approche en donnant à l'air une humidité qui paraît rendre les bruits plus perceptibles. C'est ainsi que la cloche des villages voisins devient audible :

> *« Si tu entends la cloche du voisin*
> *Tu auras de la pluie dès demain »*

Les odeurs deviennent plus pénétrantes et même le nez du priseur le plus acharné doit s'y retrouver : la rivière sent la vase comme la mare ou le ruisseau, le puits envoie une odeur caractéristique de terre.

57

Quand le froid commence et que les gelées sont plus fortes, le feu se met à bien craquer dans la cheminée, la flamme monte droite et fière. Tante Agathe possédait une lampe à pétrole. Nous l'allumions pour aller à la cave chercher l'eau-de-vie de prune. En hiver, nous savions que le froid allait redoubler car sa petite flamme devenait claire, fière, vaillante.

Des présages tirés de la maison et de son environnement

Entrons dans la maison. Nous allons découvrir de la cave au grenier les signes de l'ondée prochaine.

Le jambon suspendu suinte tout comme le lard et la saucisse, mis à sécher dans la cuisine. Le pain devient mou et s'aplatit, le sel devient humide et collant

58

dans la salière, le café moulu reste collé au fond du
tiroir du moulin. L'horloge sonne les heures d'une
façon inhabituelle, sourde, voilée, la fumée quitte la
cheminée pour entrer dans la pièce tandis que la
bougie se prend à fumer et vacille, de plus en plus
faible. Dans les pièces où la cheminée est éteinte, la
suie tombe dans le foyer; ailleurs, le vieux buffet
se met à grincer quand on l'ouvre, certains tiroirs
se bloquent. Dans le grenier, le foin coupé sent très
bon et très fort, et les courroies et les ceintures ont
rétréci.

Dans la salle de bains, dans la cuisine, les carrelages
qu'on vient de laver paraissent ne pas vouloir sécher,
les murs suintent et les vitres s'embuent...

Par temps d'orages, vous savez, ces orages qui
éclatent en été, on remarque qu'un silence pesant
s'établit sur la campagne, tandis que les feuilles
mortes, les premières, se mettent à tourbillonner
sans raison et que les poussières se lèvent en tournant.

Avant la tempête on dit dans certaines régions
éloignées des bords de mer que les bois et les forêts
deviennent plus bruyants, que les fils électriques
sifflent et que les bruits que l'on n'entend
jamais en temps ordinaire viennent troubler le calme :
trains, routes, cloches d'autres villages.

59

TABLE DES MATIERES

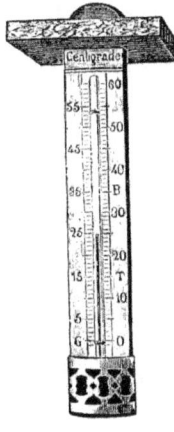

Cet ouvrage est une réédition du livre
paru en 1979 chez Olivier ORBAN
La mise en page originale est de
Pierre Dusser.
C°: L'Atelier d'Onze 2008

ISBN / 2-911304-06-3